Hamburg, 30.4.12

... für Dich, liebste

Freundin,

ich bin froh, dass
es Dich in meinem
Leben gibt.

Deine Bite

BIRTE KAISER

100 Gründe, warum es eigentlich ganz schön ist, zu Hause zu bleiben

Inhaltsverzeichnis

Zu Gast an meinem Küchentisch 11 | Nur über meine Fußmatte – oder: Freunde fürs Leben 19 | Weg damit: Erinnerungen an meinen Dachboden 27 | Ansichtskarten aus der Nachbarschaft 35 | Wo geht's hier zum Hobbyraum? 45 | Vor der Haustür laufen lernen 53 | Geheimnisvolle Schubladen 61 | Himbeereis zum Frühstück? 71 | Auf gut Deutsch 79 | Das Schild an meiner Tür 87

Kann man der ehemaligen Reise-Redakteurin Birte Kaiser glauben, wenn sie ein Buch über die Vorteile des Zuhausebleibens schreibt? Man kann, denn inzwischen ist die 40-jährige Hamburgerin sesshaft geworden und arbeitet als freie Journalistin. Herrliche Stunden der Ruhe sind das, in denen sie über all das schreibt, was das turbulente (Familien-)Leben an Höhen und Tiefen so mit sich bringt. Wöchentlich zu lesen ist Birte Kaiser außerdem als Kolumnistin in der Zeitschrift »bella«!

> *Der Mensch bereist die Welt auf der Suche nach dem, was fehlt. Und er kehrt nach Hause zurück, um es zu finden.*
>
> GEORGE MOORE

※ Urlaub ist was Tolles. Endlich Zeit, ferne Orte kennenzulernen, neue Leute zu treffen, die Seele baumeln zu lassen … Mal ehrlich, wer würde bei dem Gedanken an einen dreiwöchigen Trip durch Asien, eine rauschende Kreuzfahrt oder einen Wellness-Urlaub mit Tiefenentspannung und Meersalzpeeling schon sagen: »Nö, danke, ich bleib lieber hier«? Wir sind die Weltmeister im Wegfahren, kaum ein Winkel der Erde, über den es keinen Reiseführer mit oder ohne Insider-Tipps gibt und der noch nicht von uns bereist worden wäre.

※ Fremde Kulturen, exotisches Essen, noch nie dagewesene Eindrücke – bleibt nur die Frage, warum wir dazu verreisen müssen. Wieso glauben wir, dass sich Glücksmomente, aufregende Erlebnisse oder Entspannung nur dann einstellen, wenn wir vorher stundenlang im Flugzeug gesessen haben? Was hat Entfernung mit Erfahrung zu tun, und weshalb bezeichnen wir die meiste Zeit des Jahres – also die 335 Tage, an denen wir üblicherweise nicht im Urlaub sind – immer so abwertend als »Alltag«? Es geht auch anders. Wir haben vor der eigenen Haustür mindestens 100 Möglichkeiten, Neues zu entdecken, Spaß zu haben und das Leben zu genießen. Und das alles ohne Flugthrombose, geklauter Reisekasse und Sprachprobleme. Als Tourist im Alltag unterwegs zu sein heißt, die bekannten (Denk-)Pfade zu verlassen, neue Dinge und Ideen auszuprobieren und alte Gewohnheiten in Frage zu stellen.

So viele Gründe es gibt, wegzufahren, gibt es nämlich auch, zu Hause zu bleiben. Auf geht's zu einer Reise durch die eigene Nachbarschaft!

Ich werde zurückkehren und in meinem Hause, in meinem Baumgarten, mitten unter den Meinigen sagen: Hier, oder nirgends ist Amerika!

JOHANN WOLFGANG VON GOETHE

Zu Gast an meinem Küchentisch

※ Als ich noch als Zeitschriften-Redakteurin gearbeitet habe, musste ich regelmäßig Prominente interviewen. Was sich so glamourös anhört, entpuppte sich in der Realität oft als stundenlanges Warten in irgendeiner Hotellobby, um dann zwanzig Minuten lang von einem restalkoholisierten Schauspieler mit nichtssagenden Antworten gelangweilt zu werden. Weil wir den Leserinnen so aufregende Phrasen à la »Ich habe schon als Kind gern gesungen« ersparen wollten, dachten meine Kolleginnen und ich uns einen Fragebogen aus, der ein bisschen Pep in die Frage-Antwort-Routine bringen sollte. Darin hieß es zum Beispiel: »Was war die wichtigste Entscheidung, die je an Ihrem Küchentisch gefällt wurde?«, »Welches Lebensmotto könnte auf Ihrer Fußmatte stehen?« oder »Was würden Sie auf eine einsame Insel mitnehmen?«. Unsere Methode klappte zwar nicht immer, aber wenigstens waren die Interviewpartner gezwungen, einmal über etwas anderes nachzudenken.

※ An einem freien Nachmittag, ich räumte gerade mein Arbeitszimmer auf, fiel mir der Fragebogen wieder in die Hände. Promi hin oder her, einmal angenommen, jemand hätte mich interviewt, was hätte ich eigentlich geantwortet? Zum Beispiel auf die Küchentischfrage? Die Entscheidungen, die dort im Augenblick von mir gefällt werden, bewegen sich ehrlich gesagt auf dem Niveau von »Wurst oder Käse?«, »Wer bringt heute die Kinder weg?« oder »Lass uns am Wochenende doch mal wieder ins Kino!«. Das ist normal, glaube ich. Ich kann schließlich nicht täglich mein Leben über den Haufen werfen, den Job an den Nagel hängen, die Auswanderung verkünden oder eine Methode gegen die Wasserknappheit im Senegal erfinden.

※ Andererseits sollte so ein Küchentisch auch nicht ausschließlich zum Gebrauchsgegenstand verkommen. Küchentische können mehr, sie gehören zu den intelligentesten Möbelstücken des Hauses. Bei richtiger Benutzung vollbringt so ein Tisch echte Wunder. Er kann zum Beispiel dafür sorgen, dass Partner mal wieder ein wenig Schwung in ihre Beziehung bringen. Einfach, indem sich beide nach dem Essen nicht sofort in den üblichen abendlichen Dreikampf aus »Küche aufräumen, Fernsehgucken, Zähneputzen« stürzen, sondern sitzen bleiben. Und reden. Vielleicht darüber, wie es dem anderen gerade so geht. Ob er oder sie zufrieden ist oder lieber etwas ändern würde am momentanen Lebensablauf. Fragen eben, die man sonst nur einer Freundin stellt, die man lange nicht gesehen hat.

My home is my castle.

EDWARD COKE

Für ein Schiff ohne Hafen ist kein Wind der richtige.

SENECA

Die schönste Rede, die man in unseren Zeiten halten kann, wäre: Über die Kunst, zu Hause zu bleiben.

KARL JULIUS WEBER

Für ein gutes Tischgespräch kommt es nicht so sehr darauf an, was sich auf dem Tisch, sondern was sich auf den Stühlen befindet.

WALTER MATTHAU

※ Apropos Freundin. Von meiner Freundin habe ich vor kurzem erfahren, dass sie zum ersten Mal schwanger ist. Mit dreiundvierzig. Wir haben die halbe Nacht am Küchentisch gesessen und geredet, über ihre Bedenken, ihr Glück, ihre Vorfreude, ihren Mann, der sich eigentlich nie so richtig für eigene Kinder begeistern konnte, und darüber, was jetzt wohl aus der Ehe wird. Wir haben mit den Fingern die letzten Nudeln aus der Schüssel geangelt und völlig vergessen, dass wir ja eigentlich beide am nächsten Tag früh raus mussten. Nichts gegen gemütliche Wohnzimmer und bequeme Sitzecken, aber solche Gespräche kann man nur an einem Küchentisch führen.

※ Genau wie Überlegungen zur Sinnhaftigkeit des Wortes »Nachfreude«, die ich mit meiner Schwester bei einem gemeinsamen Scrabbel-Abend nach mehreren Gläsern Wein anstellte. Sie behauptete steif und fest, es wäre das Gegenteil von Vorfreude. Wir haben diskutiert und gekichert und uns plötzlich gefühlt wie früher, als wir verbotenerweise gemeinsam unter der Bettdecke lagen, längst schlafen sollten und vor lauter Lachen kaum noch atmen konnten. Ein großartiges, viel zu selten gewordenes Gefühl übrigens, das ich gerne häufiger hätte. Ich habe darum eine wichtige Entscheidung an meinem Küchentisch gefällt. Sie lautet: künftig mehr Zeit an ihm zu verbringen!

※ Als Vorwand werde ich häufiger Freunde zum Essen einladen, der Rest ergibt sich von allein. Ich könnte auch das verstaubte Monopoly-Spiel vom Dachboden holen und den Kindern zeigen, womit sich die Generationen vor ihnen beschäftigt haben, damals, als es noch keine Playstations und Wii-Konsolen gab. Und ich könnte den Vater der eben erwähnten Kinder mal wieder fragen, ob er eigentlich glücklich ist. Oder welches Lebensmotto er auf seine Fußmatte schreiben würde, oder was er auf eine einsame Insel mitnehmen würde. Komisch eigentlich, dass ich das gar nicht von ihm weiß.

Die Gründe 1–10

Es ist eigentlich ganz schön,
zu Hause zu bleiben, weil ...

1. mir hier niemand ein Handtuch auf meine Gartenliege legt. 2. ich endlich mal in Ruhe die Gebrauchsanleitungen von Dingen lesen kann, die ich nie so ganz durchschaut habe. 3. ich mir meine Tischgesellschaft selbst aussuchen kann. 4. es auf Recyclinghöfen tolle neue Lieblingsmöbel zu entdecken gibt. 5. mir der Kaffee hier – ehrlich gesagt – am besten schmeckt. 6. sich Wörterbücher zu Hause im Regal viel besser machen. 7. hier nicht dauernd die Fensterplätze belegt sind. 8. ich Zeit habe, mich von meinen eigenen vier Wänden inspirieren zu lassen und Lust bekomme, die Wohnung neu zu gestalten. 9. ich wieder einmal spüre, wie sich Langeweile anfühlt. 10. ich meinen Pflanzen beim Aufblühen zuschauen kann.

ns Leben
Nur über meine Fußmatte – oder: Freunde fürs Leben

※ Nicht alle Geheimnisse lassen sich am Küchentisch lösen. Manche konnte noch nie ein Mensch enträtseln, den Verbleib des heiligen Grals zum Beispiel oder den Erfolg von Daniela Katzenberger. Mysteriös sind auch die Fahrkartenautomaten der Deutschen Bahn. Und wissen Sie, woran es liegt, dass bei Orthopäden die Wartezimmer immer voll sind? Warum ist diese Berufsgruppe zwar in der Lage, Knieprothesen zu verpflanzen und schiefe Hälse zu richten, scheitert aber an einer so simplen Verrichtung wie der Vergabe verlässlicher Termine?

※ Unter 90 Minuten Wartezeit geht da ja meistens gar nichts. Und anders als bei der Bahn, die bei Verspätungen immerhin Entschuldigungen und Getränke verteilt, vertritt mein Orthopäde noch die konservative Meinung, das Wartezimmer sei kein Vergnügungspark. Wer bequeme Sitze und Unterhaltung will, soll ins Kino gehen. Bei ihm gibt's Klappstühle und ein paar zerfledderte Zeitschriften ungeklärter Herkunft.

※ Dummerweise fällt mir das immer erst dann wieder ein, wenn es zu spät ist. Also wenn ich ohne Lesestoff, aber mit Hexenschuss, im Wartezimmer sitze und die literarische Wahl habe zwischen einem Krankenkassenmagazin und einem Fachblatt für Campingfreunde. Aus lauter Verzweiflung habe ich beim letzten Mal angefangen, mein Adressbuch durchzublättern. So ein uraltes Ding, in dem noch echtes Papier ist. Außerdem ein Haufen kleiner gelber Zettelchen und viele Lagen Tipp-Ex. Mir fiel auf, dass ich einige der Namen überhaupt nicht mehr zuordnen konnte. Immerhin sind mir diese Leute einmal wichtig genug gewesen, sie in mein Adressbuch aufzunehmen, und nun hatte ich keinen Schimmer mehr, wer die flüchtig dahingekritzelten »Moni und Martin« mit der Berliner Nummer eigentlich sind. Urlaubsbekanntschaften? Freunde von Freunden, die ich mal auf einer Party kennengelernt hatte und unbedingt wieder treffen wollte? Bestimmt waren sie nett, und vielleicht wäre sogar eine Freundschaft daraus geworden, wenn das Leben einem nicht immerzu dazwischengrätschen würde. Neuer Job, viel zu tun, Wohnungswechsel ... gute Gründe, Leute immer wieder aus den Augen zu verlieren, gibt es viele, und dass dabei vor allem die Neuzugänge im Adressbuch auf der Strecke bleiben, ist vermutlich normal.

※ Aber was ist mit den alten Freunden? Was macht Peter, den ich während der Ausbildung kennengelernt habe? Mir fällt ein gemeinsamer Wochenendausflug nach Bonn ein, der vor dem Kölner Dom endete, weil

Heimat ist da, wo man sich nicht erklären muss.

JOHANN GOTTFRIED VON HERDER

Die Welt um uns ist so bunt und lebendig, wie wir sie machen.

P. H. STEVENS

Nicht da ist man daheim, wo man seinen Wohnsitz hat, sondern wo man verstanden wird.

CHRISTIAN MORGENSTERN

Ein Haus kann eine Villa sein, eine Hütte, ein Zelt oder sogar eine Erdhöhle. Ein Zuhause ist das, wo Menschen leben, in deren Herzen die Liebe wohnt.

BEAR HEART

Peter glaubte, er würde den Weg kennen. Ich denke an spannende Gespräche, sturmzerzauste Spaziergänge und daran, dass ich mich in seiner Gegenwart immer wohl gefühlt habe.

※ Das kann ich nicht von allen Leuten behaupten, die mir beim Durchblättern ins Auge fallen. Hier die Freundin, die sich immer nur meldet, wenn mal wieder eine ihrer Beziehungen den Bach runtergegangen ist. Dort der Bekannte, der stundenlang mit seinen beruflichen Erfolgen angibt und dann betont, wie gut man sich mit mir unterhalten kann. Nach solchen Treffen liege ich müde und leer im Bett und bin froh, dass ich jetzt erstmal wieder ein paar Wochen Ruhe habe. Wieso eigentlich? Warum pflege ich Pflicht-Freundschaften, die nichts hinterlassen außer einem faden Gefühl? Solche Leute machen mich weder glücklicher noch schlauer, und sie würden nicht mal verstehen, was ich meine, wenn ich ihnen das sagen würde.

※ Freundschaften zu kündigen ist heikel, aber ich könnte bei der nächsten »Wollen wir uns nicht mal wieder treffen«-Anfrage einfach keine Zeit haben. Das wäre gar nicht gelogen. Schließlich brauche ich den Abend, um endlich wieder bei Peter anzurufen. Ich könnte bei der netten Frau vorbeischauen, die an der Ecke ein Café eröffnet hat, oder meinem ehemaligen Vermieter eine Postkarte schreiben. Einfach nur so, weil ich weiß, dass diese Menschen sich über ein Lebenszeichen von mir freuen – und weil ich wissen will, wie es ihnen geht und was sie gerade beschäftigt.

※ Außerdem sollte ich mir gleich auf dem Heimweg ein neues Adressbuch zulegen. Das muss gar nicht so dick sein wie mein jetziges, ein paar Seiten reichen vollkommen aus. Aber die werde ich hüten wie den heiligen Gral. Dort stehen die Menschen, die mir guttun und die mein Leben bereichern, egal, ob alte Freunde oder neue Bekanntschaften. Von Zeit zu Zeit werde ich es wieder durchblättern und mir über die Namen, die dort inzwischen stehen, Gedanken machen. Vermutlich alle zwei oder drei Jahre – oder immer dann, wenn ich es mal wieder im Rücken haben. Hoffentlich lässt der Orthopäde mich dann wieder so lange warten. Das kann ja manchmal richtig heilsam sein.

Die Gründe 11–20

Es ist eigentlich ganz schön,
zu Hause zu bleiben, weil …

11. mir die pappigen Flugzeugbrötchen erspart bleiben. 12. es keine festen Frühstückszeiten gibt und von meiner Lieblingsmarmelade immer genug da ist. 13. ich nicht schon ein Jahr vorher in die Zukunft planen muss. 14. ich mich spontan zu einer Fahrt ins Blaue aufmachen kann. 15. es ein gutes Gefühl ist, viel Geld für Flug und Hotel gespart zu haben, und es ein noch besseres Gefühl ist, es zu Hause mit vollen Händen auszugeben. 16. mich kein Animateur zum Aqua-Spinning zwingt. 17. ich mit meinem Partner nicht über die Frage »Berge oder Meer« streiten muss. 18. ich die Ruhe finde, mich mit mir selbst zu beschäftigen. 19. ich allein mit einer Tafel Schokolade einen Liebesfilm gucken kann. 20. ich hier die Chance habe, meine freie Zeit sinnvoll zu nutzen und mich ehrenamtlich zu engagieren.

Weg damit: Erinnerungen an meinen Dachboden

※ Ebenso heilsam wie die Auswahl der richtigen Freunde ist die Auswahl der Dinge, mit denen man sich umgibt. Auch wenn das nicht immer leichtfällt.

※ Es ist schon ein paar Jahre her, da hätte ich meinen Status als Mutter, Vertrauensperson und Mensch um ein Haar verspielt. Das kam so: Immer wieder nutze ich die Abwesenheit sämtlicher Familienmitglieder, um bei uns in der Wohnung auszumisten. Besonders in den Kinderzimmern sammelt sich in kürzester Zeit so viel Kram an, dass man meinen könnte, die Flummis, Aufkleber, Mac-Donald's-Happy-Meal-Figuren und ausgelaufenen Seifenblasenröhrchen würden wie Unkraut aus den Regalen wachsen. Natürlich wird mit dem ganzen Zeug niemals gespielt, aber das ist in den Augen meiner Jungs ein völlig irrelevantes Argument. Auf jeden Fall kein Grund, irgendetwas davon wegzuschmeißen. Nicht mal einen der neunzehn kleinen Lastwagen aus Kunststoff, die es ab und zu im Supermarkt an der Kasse gibt und die immer schon an der Einkaufswagenrückgabe kaputt sind. Ich setze also auf den einzigen Joker, den ich in dieser Angelegenheit habe – die Vergesslichkeit meiner Kinder. Denn kaum sind sämtliche Staubfänger aus ihrem Blickfeld verschwunden, haben sie sie auch schon vergessen.

※ Das klappte immer reibungslos, bis zu dem Tag, an dem ich den heimlich gefüllten Müllsack nicht mehr rechtzeitig runterbringen konnte. Er stand noch im Flur, als der Kindergarten aus war und einer der Jungs beim Jackeausziehen zufällig gegen den Sack stieß. Ein Stutzen, ein Starren und dann ein ungläubiges Staunen: War das, was sich da gerade seinen Weg durch die blaue Plastikhülle in die Freiheit bohrte, nicht der Schwanz von dem Feuerdrachen mit dem abgebrochenen Bein? Ich war ertappt und konnte mich nur noch mit der mittelmäßigen Ausrede »Ich wollte das doch gar nicht wegschmeißen, nur mal ordentlich saubermachen« aus der Affäre ziehen. Immerhin habe ich aus dieser Angelegenheit zwei Dinge gelernt: 1. Timing ist alles. 2. Nie wieder billige Müllsäcke! Dazu stehe ich heute noch. Ich bin der Meinung, kein Haushaltsprodukt wird dermaßen unterschätzt wie ein solider Müllsack. Nicht nur, um mit seiner Hilfe den normalen Alltagsmüll zu entsorgen, sondern vor allem, um in regelmäßigen Abständen das eigene Leben von angesammeltem Ballast zu befreien.

※ Ein Beispiel? Dann folgen Sie mir mal unauffällig auf unseren Dachboden – aber Vorsicht, Verletzungsgefahr! Mir ist neulich einer der zwei Meter hoch gestapelten Kartons auf den Kopf gefallen. Zum Glück

> Ein Haus ist eine Arche,
> um der Flut zu entrinnen.

KATHERINE MANSFIELD

> Alles Behagen am Leben ist auf
> eine regelmäßige Wiederkehr der
> äußeren Dinge gegründet.

JOHANN WOLFGANG VON GOETHE

> Wenn du loslässt,
> hast du zwei Hände frei.

AUS CHINA

> Das Aussortieren alles
> Unwesentlichen ist der
> Kern aller Lebensweisheit

LAO TZU

nicht der mit den ausgelesenen Taschenbüchern, der steht irgendwo hinter der Tür. Randvoll mit typischer Urlaubsliteratur, die aufgrund ihrer Mittelmäßigkeit kein Bleiberecht in unserem Wohnzimmerregal erhalten hat. Die Chancen, dass die Bücher ein zweites Mal gelesen werden, stehen schlecht, sofern nicht jemand versehentlich drei Tage lang ohne Handy auf dem Speicher eingesperrt wird. Warum nicht weg damit?

※ Weil man das nicht tut. Bücher gelten allgemein als Papier gewordene Gehirnmasse, als Zeichen von Bildung und Intellekt, von dem man sich nicht trennen darf. Also wird das Platzproblem auf den Dachboden verbannt, statt es großzügig im Freundeskreis zu verteilen, zu spenden oder wenigstens auf dem Flohmarkt zu verkaufen. Intelligenz sieht eigentlich anders aus, finde ich.

※ Aber zurück zu dem abgestürzten Karton. In ihm befinden sich ausrangierte Handtücher. Weil viele von ihnen bis auf ihre netzhautreizende Farbe eigentlich noch ganz in Ordnung sind, liegen sie hier. Für den Notfall. Was für ein Notfall das sein könnte? Hmmm, wenn vielleicht ein Benzintankwagen vor unserem Haus leckschlägt oder jemand ein Laubfrosch-Kostüm braucht oder Knallgrün über Nacht zu der Trendfarbe im Badezimmer wird, dann würde man sie eventuell wieder hervorkramen.

※ Würden, können, sollte … ich habe mir vorgenommen, sämtliche Abstellräume unserer Wohnung vom Konjunktiv zu befreien. Natürlich besteht die theoretische Möglichkeit, dass man bestimmte Sachen noch mal irgendwann für irgendwas braucht. Das rechtfertigt allerdings nicht den Platz, den sie dafür meist über viele Jahre hinweg belegen.

⚜ Nachdem ich auf dem Dachboden neulich auf zwei Kartons gestoßen bin, die mit dem schönen Wort »Erinnerungen« beschriftet waren, gehe ich sogar noch einen Schritt weiter und trenne mich von einigen alten Briefen, Postkarten und Souvenirs. Was klingt wie ein Verbrechen an der Menschlichkeit, ist nüchtern betrachtet nichts anderes, als Luft für Neues zu schaffen. Und mal ehrlich, warum soll ich eine Karte aufbewahren, die mir unsere damalige Nachbarin vor zwölf Jahren aus dem Harz geschickt hat, und auf der außer dem aktuellen Wetterbericht und dem legendären Satz »Uns geht es gut, wie geht es Euch?« nichts Persönliches steht? Ich habe auch einen alten Bierdeckel, drei Eintrittskarten für Museen und ein paar zerbröselte Muscheln weggeworfen, weil ich mich nicht mal mehr erinnern konnte, woher sie stammten. Komischerweise habe ich mich danach kein bisschen schlecht gefühlt. Im Gegenteil. Es war wie nach einer Diät, ich fühlte mich leicht und frei, und ich glaube, unserem Dachboden ging es ähnlich. Nur meine Kinder brauchen noch ein bisschen, bis sie den Satz »Weniger ist mehr« nicht mehr als potenzielle Bedrohung ihrer Besitztümer verstehen. Bis dahin unterziehen sie jeden Plastikbeutel, der unsere Wohnung verlässt, einer Leibesvisitation. Bei Müttern und Müllsäcken weiß man ja nie.

Die Gründe 21–30

Es ist eigentlich ganz schön,
zu Hause zu bleiben, weil ...

21. ich ganz ungestört unter der Woche, wenn alle anderen arbeiten müssen, shoppen und Kaffee trinken gehen werde. 22. ich bei schlechtem Wetter nicht frustriert in einem Hotelzimmer sitzen muss. 23. ich mir jeden Tag frische Blumen gönnen kann. 24. ich endlich dazukomme, meine schönsten Fotos an die Wand zu hängen. 25. man in seiner Muttersprache die besten Witze macht. 26. ich bei einem »Entrümpelungstag« viel Platz für Neues schaffe. 27. ich meine üblichen Wege im »Flanier«-Modus zurück legen kann. 28. ich alles aus meinem Kleiderschrank anziehen kann und immer die richtigen Klamotten dabeihabe. 29. ich Tauschpartys mit Freundinnen organisieren werde. 30. es die Gelegenheit ist, meinen Terminkalender durchzuchecken: Stimmt meine Balance aus Freizeit und Job?

Ansichtskarten aus der Nachbarschaft

※ Wer meint, zu Hause zu bleiben wäre langweilig, weil man dort ja sowieso schon alles kennen würde, dem empfehle ich eine Zeitreise. Nicht in die Zukunft oder in die Vergangenheit, sondern in die Gegenwart. Um zu erfahren, wie sich das Hier und Jetzt in Echtzeit anfühlt, braucht man eigentlich nichts außer Geduld. Viel Geduld.

※ Als die Kinder gerade das Laufen gelernt hatten, wurde mir klar, dass es eine Steigerungsform des sowieso schon am Anschlag befindlichen Adjektivs »am langsamsten« gibt. Es konnte vorkommen, dass wir für fünf Meter Bürgersteig eine halbe Stunde brauchten, so spannend war die Welt zwischen Wohnung und Supermarkt. Hier das Gänseblümchen am Rand der Bushaltestelle, dort der ausgespuckte Kaugummi. Dann noch der Taube hinterherlaufen, an den Pedalen des abgestellten Fahrrades drehen, einen Stock aufheben, die Pfütze untersuchen ... Als jemand, dem seine Mitmenschen

„Wenn wir jetzt zu Hause
verharren, so können wir un-
glaublich viel Gutes tun, weil
das sich Neugestaltende immer
eine unglaubliche Lust hat, sich
umzugestalten ..."

JOHANN WOLFGANG VON GOETHE

„In großen Städten gehört es
leider zum guten Tone, nicht
einmal zu wissen, wer mit uns in
demselben Hause wohne."

ADOLPH FREIHERR KNIGGE

„Wer keine Zeit hat,
ist ärmer als der ärmste Bauer."

AUS ITALIEN

„Wer langsam schlendert,
sieht am meisten von der
Landschaft."

AUS ENGLAND

regelmäßig bestätigen, einen unangenehm schnellen Schritt zu haben (»Sag mal, haben wir es irgendwie eilig oder warum rennst du so?«), fiel mir die Umstellung auf das erzwungene Schneckentempo schwer. Ich war es gewohnt, zügig von A nach B zu kommen und nicht planlos durch die Gegend zu mäandern. Aber weil ich in dieser Lebensphase außer Ungeduld auch jede Menge Zeit hatte, blieb mir nichts anderes übrig, als meine sonst so vorbeirauschende Nachbarschaft im Slow-Motion-Modus wahrzunehmen.

Eine völlig neue Erfahrung. Es ging damit los, dass ich mich dauernd mit wildfremden Leuten unterhalten habe. Mit dem Wirt des kroatischen Restaurants an der Ecke zum Beispiel. Wenn keine Gäste da waren, wischte er draußen die Tische. Wenn alle Tische sauber waren, setzte er sich auf einen Hocker in die Sonne vor die Eingangstür und ließ die Welt, die selbst nach dreißig Jahren noch immer nicht so ganz seine geworden war, an sich vorüberziehen. In unserem Falle entsprach das in etwa der Geschwindigkeit einer Wanderdüne, und so freundeten wir uns Schritt für Schritt mit Josip an. Wir erfuhren, dass er gerade Opa geworden war. Er zeigte uns stolz Fotos von seinem kleinen Enkel aus Zagreb und das kleine grüne Wolljäckchen, das seine Frau fast fertiggestrickt hatte. Er erzählte von seiner Heimat, in der er früher auf einer Mandarinenplantage gearbeitet hatte. Und er freute sich, wenn meine Jungs ihm Steine, Blätter oder ihre angeknabberten Reiswaffeln schenkten.

Geh langsam. Du kommst doch immer wieder nur zu dir selbst.

AUS DEM ORIENT

Die Sklaven von heute werden nicht mit Peitschen, sondern mit Terminkalendern angetrieben.

JOHN STEINBECK

Ja, man soll die Fremde kennenlernen, aber früher noch die Heimat, man soll so viel als möglich sehen, aber vor allem sein eigenes Vaterland, und wer die Fremde besser kennt als die Heimat, in der er lebt, der wird aufgeblasen, verschroben und manchmal dumm.

PETER ROSEGGER

※ Eine ältere Frau, die bei geöffnetem Fenster in ihrer Erdgeschosswohnung saß, erzählte mir einmal, dass sie als kleines Mädchen im Krieg zur Kinderlandverschickung von Hamburg nach Bayern kam. Zwei Jahre lang weg von ihren Eltern, Verwandten und vom Zuhause. Als sie heimkehrte, war ihr Haus das einzige in der ganzen Straße, das noch stand. »Und da wohne ich heute noch drin«, meinte sie und schenkte uns zum Abschied einen Keks.

※ Von dem Tag an hatte das Haus in meiner Nachbarschaft, an dem ich schon hundertmal vorbeigegangen war, ohne es wahrzunehmen, plötzlich ein Gesicht und eine Geschichte. Ich stelle mir nun manchmal vor, wie es einsam in der ausgebombten Straße stand, wie es langsam wieder neue Nachbarn bekam und wie es sich darüber freut, dass heute Kinder mit Laufrädern statt Soldaten mit Panzern an ihm vorbeirollen. Und weil mein Sohn eine gute Orientierung hat und gerne Kekse mag, plaudere ich inzwischen regelmäßig mit Frau Liebig, dem kleinen Mädchen, das 1943 Semmeln statt Brötchen gegessen hatte.

※ Als die Kinder größer wurden und unser Tempo sich von »super langsam« zu »sehr langsam« steigerte, entdeckte ich, wie viele Hinweisschilder auf Hydranten und Wasserleitungen es in einer Stadt gibt. Ich wusste, in welchem Baum Vogelnester sind, fand einen winzig kleinen Laden mit einer riesigen Auswahl an Knöpfen, kannte sämtliche Hunde mit Namen, Rasse, Alter und Streichelvorlieben und wusste, an welchen

Tagen der Glascontainer geleert wird und das kleine Straßenreinigungsfahrzeug seine Runde dreht. Die Umgebung blieb natürlich die gleiche, aber sie wandelte sich im Laufe der Zeit immer mehr von »mein Wohnort« in »meine Heimat«. So nennt man das wohl, wenn einem die Gesichter in der eigenen Nachbarschaft genauso vertraut sind wie die wackeligen Gehwegplatten an der Straßenecke, der Briefträger und das aufgesprühte Smiley-Gesicht am Stromkasten. Wenn man weiß, dass die Gemüsehändlerin mittwochs den frischesten Salat hat und dass sie jeden Abend dem Verkäufer der Obdachlosenzeitung einen Apfel in seinen Fahrradkorb legt. Wenn man all die kleinen, fast unsichtbaren Rituale kennt, die Nachbarn miteinander verbinden.

※ Inzwischen ist unser Radius größer geworden. Von Zeit zu Zeit »spielen« wir Touristen vor der eigenen Haustür, machen einen Rundgang durch einzelne Viertel, setzen uns in Cafés, die wir noch nie ausprobiert haben, entdecken Schleichwege und Abkürzungen und lernen, woher die Straßen ihre Namen haben. Ein festes Ziel haben wir dabei fast nie, aber immer viel Spaß auf dem Weg dorthin. Ich hätte nie gedacht, wie viel es zu sehen gibt, wenn man den Kopf nach rechts oder links dreht. Neugierig zu sein, wach zu bleiben, mich für die Ereignisse meiner Umgebung zu interessieren – war mir das alles nicht sowieso einmal viel wichtiger als pfeilgerade durch den Tag zu schießen?

※ Manchmal rase ich noch durchs Leben, das bleibt bei einem viel zu leisen Wecker und einem morgendlichen Hang zum »nur noch einmal Umdrehen« einfach nicht aus. Oft genug laufe ich aber immer schon zwanzig Minuten früher als nötig irgendwo los, um Zeit für Zufälle zu haben. Das tue ich nicht bewusst, sondern einfach, weil ich heute weiß, wie viel es zwischen hier und dort zu entdecken gibt. Eine Erkenntnis, die ich meinen Kindern zu verdanken habe, diesen kleinen Schnecken.

Die Gründe 31–40

Es ist eigentlich ganz schön,
zu Hause zu bleiben, weil ...

31. ich keine Urlaubspostkarten verschicken muss. 32. ich keine Stadtpläne zu studieren habe. 33. ich die hintersten CDs nach vorne holen und die alten Lieblingssongs hören kann. 34. ich gar nicht erst in Versuchung gerate, mir Hawaii-Hemden oder knatterbunte Tücher zu kaufen, die mir zu Hause garantiert nicht mehr gefallen. 35. es bestimmt noch viel Schönes vor der eigenen Haustür zu entdecken gibt. 36. ich nicht aufräumen muss, weil jemand kommt, um meine Blumen zu gießen und die Post rauszuholen. 37. ich spontan Restkarten für die Oper kaufen werde. 38. ich mich auf Flohmärkte, Kirchenbasare, Stadtteilfeste freuen kann. 39. ich endlich Zeit haben werde, die Kleinanzeigen der Lokalblätter nach Tipps oder Schnäppchen durchzusehen. 40. ich nichts lieber tue, als mir eine Hitliste der besten Konditoreien und Eisdielen der Umgebung zu erstellen.

Wo geht's hier zum Hobbyraum?

※ Auf der Suche nach einem geeigneten Reiseziel empfiehlt sich auch eine gelegentliche Wanderung durchs eigene Haus. Sogar Schatzsucher kommen hier auf ihre Kosten – vorausgesetzt, sie halten die Augen offen für das, was wirklich wichtig ist. Wenn ich den Blick über unser Regal in der Vorratskammer schweifen lasse, fallen mir ein paar echte Raritäten ins Auge.

※ Hier zum Beispiel, ein 2006er-Jahrgang. Direkt daneben einer von 2009. Oder da, der Verstaubte ganz hinten mit dem verblichenen Etikett, ich glaube, da steht was von 2004. Als Abfülldatum für einen Bordeaux wäre das ja auch gar nicht mal so schlecht. Als Haltbarkeitsdatum für eine Dose Currypulver ist es der sichere Tod. Und für mich und meine Qualitäten als Hausfrau ein echtes Armutszeugnis. Muskatnuss, Kardamom, Hirschhornsalz, Kurkuma – etwa zwanzig unterschiedliche Gewürze stehen in Dreierreihen in meinem Bord und mindestens die Hälfte von ihnen ist abgelaufen. Lange abgelaufen.

※ Wie konnte das passieren? Es gab Zeiten, da habe ich alle paar Wochen neuen Koriander gebraucht. Da lag Safran neben Tamarinde auf der Arbeitsplatte, im Kühlschrank hatte ich immer frischen Ingwer und mindestens vier Sorten Reis in der Abseite. Für vietnamesische Frühlingsrollen musste ich nicht mal mehr ins Kochbuch gucken, und ein indisches Menü mit sechs oder sieben Gerichten war eine aufregende Herausforderung.

※ Und heute? Heute ist Kochen zur Pflichtübung geworden. Da komme ich mir schon vor wie eine Sterneköchin, wenn ich die Käsebrote der Kinder mit Tomatengesichtern verziere und am Ende keine halbvollen Teller abräumen muss. Für mehr fehlt mir die Energie. Den meisten Freundinnen geht's nicht anders. Die eine kommt nicht mehr zum Aquarellmalen, die andere hat ihre Querflöte seit Monaten nicht hervorgeholt. Gepaukte Spanischvokabeln verkümmern in lichtlosen Kammern des Gehirns, und die Nähmaschine setzt Rost an. Hobbys sind das Erste, was auf der Strecke bleibt, wenn sich die Lebensumstände ändern oder die Zeit knapp wird. Eigentlich paradox, bedenkt man, dass es gerade diese Extras sind, die einem so guttun. Nichts lädt die Akkus besser auf, als sich eine oder zwei Stunden einfach mal fallen zu lassen, sich ganz auf etwas zu konzentrieren, das weder sinnvoll noch notwendig ist. Völlig egal, ob man dabei Perlenketten auffädelt oder die Milchkännchensammlung neu sortiert.

※ Während ich also meine antiken Gewürze entsorgte, gelobte ich Besserung. Vielleicht mal wieder diesen italienischen Eintopf mit Kalbfleisch, der drei Stunden im Ofen vor sich hin köcheln muss, oder Linsen mit Lachs und Zitronenmelisse, wie wir sie im Urlaub immer hatten. Ich hatte die tollsten Ideen und sogar großen Appetit, aber – und das war das Merkwürdige – überhaupt keine Lust, dafür stundenlang in der Küche zu stehen. Die Leidenschaft fürs Kochen hatte sich unter der täglichen Routine aus Brotdosenfüllen, Nudelnkochen und glaubhaft versichern, dass noch nie ein Kind an Vitaminen gestorben sei, stark abgenutzt. Es war, als würde man nach längerer Zeit mal wieder seinen alten Lieblingsblazer aus dem Schrank holen und plötzlich feststellen, dass Schulterpolster und Karomuster irgendwie nicht mehr zeitgemäß sind.

※ Aber was dann? Passende Hobbys findet man ja nicht an jeder Straßenecke. Handarbeiten jeder Art waren für mich immer schon eine Strafe, Experimente mit Topfpflanzen scheitern an der Größe unseres Balkons, und für meinen Kindheitstraum Segelfliegen reicht die Zeit einfach nicht. Aber der Gedanke ist gut: Welche fast vergessenen Wünsche oder nie umgesetzten Pläne trage ich eigentlich noch so mit mir herum? Was hat mir früher Spaß gemacht, worauf habe ich mich immer besonders gefreut? Fragen, die man sich selbst viel häufiger stellen sollte, finde ich. Schließlich genießen wir den unfassbaren Zufall, in einem Land zu leben, in dem wir uns den Luxus eines Hobbys erlauben können. Auch wenn das Wort »Selbstverwirklichung« einen leicht lilafarbenen Unterton hat und gerne in einem Satz mit Loriots

Ein Mensch kann, wenn er wahre Weisheit besitzt, das gesamte Schauspiel der Welt auf einem Stuhl genießen, ohne lesen zu können, ohne mit jemandem zu reden, nur seine Sinne gebrauchend und mit einer Seele begabt, die nicht traurig zu sein versteht.

FERNANDO PESSOA

Positive Gedanken sind der beste Start für die Reise auf die Sonnenseite.

JEREMY A. WHITE

Der Kopf ist rund, damit das Denken seine Richtung ändern kann!

FRANCIS PICABIA

»Jodeldiplom« genannt wird – dass wir die Möglichkeit dazu haben, ist ein hohes Gut, und wir sollten es nutzen.

Nach ein paar Abenden im Internet und der Lektüre des neuesten Kursbuchs der Volkshochschule lege ich jetzt einfach los. Die Probestunde im Gospelchor findet nächsten Mittwoch statt, und sollte dort das Gleiche passieren wie damals im Grundschulchor, als die Leiterin mich gebeten hatte, bei Auftritten bitte nur die Lippen zu bewegen, schwenke ich um auf »Fotografieren für Anfänger«. Als Modelle nehme ich einfach die eigenen Familienmitglieder. Zum Beispiel meinen Mann, wie er mit Schürze am Herd steht und ein Thai-Curry kocht. Exotischer kann eine Fotografie gar nicht sein.

Die Gründe 41–50

Es ist eigentlich ganz schön,
zu Hause zu bleiben, weil …

41. es oft schon reicht, mal unbekannte Buslinien zu benutzen, um ganz neue Eindrücke zu gewinnen. 42. es in der eigenen Umgebung garantiert ein paar sehenswerte Ausstellungen gibt. 43. ich keine Mitbringsel kaufen muss. 44. es Spaß macht, über Wochenmärkte zu schlendern und frische Zutaten einzukaufen. 45. es auch hier Pflanzen und Tiere gibt, die ich beobachten und bestimmen kann. 46. ich mir in einer Woche nicht drei Magenverstimmungen hole. 47. ich hier Hobbys finde, die auch außerhalb der Ferien machbar sind. 48. ich endlich mal alle gesammelten Erinnerungen, Fotos, Briefe etc. in schöne Bücher oder Alben kleben kann. 49. es Spaß macht, etwas Neues auszuprobieren, ohne dass man dafür auf ein Kamel steigen muss. 50. ich schon lange eine Probestunde bei einer Gesangslehrerin nehmen möchte.

Vor der Haustür laufen lernen

※ Die Suche nach einem Hobby hat mich immerhin schon zu einer Erkenntnis gebracht: Ich weiß jetzt, warum es heißt, »Lügen haben kurze Beine«. Die Bedeutung wurde mir klar, als ich vor ein paar Wochen in einem Sportgeschäft gewesen bin. Meinen ursprünglichen Plan, dreimal die Woche schwimmen zu gehen, hatte ich nach dem Anprobieren von zwanzig Badeanzügen spontan an den Nagel gehängt. Ich war wirklich fest entschlossen, endlich wieder etwas für meinen Körper zu tun, aber der hatte sich da oben in der Umkleidekabine gerade von seiner unattraktivsten Seite gezeigt. Das hatte er jetzt davon.

※ Beim Rausgehen musste ich durch die Sportschuhabteilung. Mit dem Thema hatte ich mich schon lange nicht mehr beschäftigt, und ich blieb fasziniert vor einem Regal mit Schuhen stehen, die alle aussahen, als hätten sie eingebaute Sprungfedern unter der Sohle. »Sind Sie das Modell schon mal gelaufen«, fragte ein Verkäufer, der gerade neben mir stand. Meinte der etwa mich? Hatte er mit mir gesprochen?

Allein die Tatsache, dass dieser junge, sympathische Mann offenbar immerhin die theoretische Möglichkeit in Betracht zog, ich würde joggen, war wie Balsam auf meinem angekratzten Selbstbewusstsein. Diesen Moment wollte ich auskosten, und das war wohl auch der Grund, warum ich mich plötzlich sagen hörte: »Nein, bisher noch nicht. Aber ich denke drüber nach.« Gut, das war keine echte Lüge. Ich hatte solche Dinger tatsächlich noch nie an den Füßen und dachte wirklich darüber nach, welcher Depp wohl 120 Euro für ein paar Turnschuhe ausgeben würde. Trotzdem war die Antwort meilenweit von dem entfernt, was man Realität nennt.

Dem Verkäufer fiel das nicht auf. Ehe ich glaubhaft versichern konnte, dass Joggen auf meiner persönlichen Spaß-Rangliste gleich nach »Wurzelbehandlung beim Zahnarzt« kommt, überschüttete er mich mit Insider-Informationen aus der Welt der Sportschuhe. Dann griff er zielsicher einen aus dem Regal, bugsierte mich zu einem Hocker und meinte: »Ich bin mal gespannt, was Sie von dem hier halten.« Es klang, als würde er mit einer echten Läuferin sprechen, einer, die beim letzten Stadtmarathon immerhin im Mittelfeld durchs Ziel gekommen ist. Von jetzt an gab es kein Zurück mehr. Ich musste die (und noch viele weitere) Schuhe anprobieren. Danach musste ich aufs Laufband, und dann musste ich mir anhören, dass wir ja wohl mitten ins Schwarze getroffen hätten.

»Dieser Schuh ist perfekt für Leute mit langem Oberkörper und kurzen Beinen«, sagte er, als ich an der Kasse gerade meine Geheimzahl eintippte. Fast hätte ich im letzten Augenblick doch noch nein gesagt, aber da hatte sich bereits ein Gedanke in meinem Kopf festgesetzt: »Ich will joggen.«

Ein Wunsch, der mir bis dato völlig fremd war. Natürlich hatte ich schon mal ein paar halbherzige Laufversuche unternommen, bin aber immer nach wenigen Minuten keuchend wieder umgekehrt. »Nix für mich«, so die selbst gestellte Diagnose. Dabei ist der Sport eigentlich perfekt für Menschen, die keine Lust auf Vereine haben, sich in Fitnessclubs unwohl fühlen und gerne draußen sind. Wäre da nur nicht die mangelnde Kondition, die mich schon in der Schule immer um eine Siegerurkunde bei den Bundesjugendspielen gebracht hat.

Mein Glück war, dass ich zu Hause beim Auspacken meiner – Achtung, jetzt kommt's – 130 Euro teuren Wunderschuhe einen Werbezettel in der Tüte fand. Es ging um Laufkurse für EinsteigerInnen, und obwohl ich nicht so recht an einen Erfolg glauben konnte, meldete ich mich an. Spannend genug, sich an einem Mittwochabend mit neun anderen leicht beschämten Teilnehmern im Park zu treffen. Aber noch spannender war, dass wir schon nach wenigen Trainingsstunden besser wurden. Aus »drei Minuten Gehen, eine Minute Joggen« wurde »eine Minute Gehen, drei Minuten Joggen«. Das Ganze ging so langsam

Nichts ist so erfrischend wie
ein beherzter Sprung über
die Grenzen.

KEITH HARING

Öffnet man die Augen,
wird jeder Tag zum Erlebnis.

OSKAR KOKOSCHKA

Es gibt keinen Weg, der nicht
irgendwann nach Hause führt!

AUS AFRIKA

Nicht in die Ferne, in die Tiefe
sollst du reisen.

RALPH WALDO EMERSON

Die Heimat bleibt doch immer
der schönste Fleck der Welt.

JOHANN NEPOMUK VOGL

vonstatten, dass unser Grüppchen einmal sogar von einem älteren Herrn im elektrischen Rollstuhl überholt wurde. Aber Hauptsache, wir liefen – am Ende sogar eine halbe Stunde am Stück.

※ Inzwischen habe ich ein richtig freundschaftliches Verhältnis zu meinen Turnschuhen aufgebaut. Wir treffen uns zwei- bis dreimal die Woche, drehen gemeinsam unsere Runde und erinnern uns an unser ungewöhnliches erstes Date. Das Joggen tut nicht nur meinem Körper, sondern auch meinem Leben gut. Ich bin fitter, entspannter und besser gelaunt. Vor allem aber bin ich stolz auf mich, dass ich eine Hürde genommen habe, die ich vierzig Jahre lang für unüberwindbar hielt. Manchmal läuft es eben doch viel besser, als man glaubt – wenn man sich ein wenig vor die Haustür traut.

Die Gründe 51–60

Es ist eigentlich ganz schön,
zu Hause zu bleiben, weil …

51. ich Zeit habe, für den nächsten Urlaub eine neue Sprache zu lernen. 52. ich mich hier beim Spazierengehen bestimmt nicht verlaufe. 53. Sport bei 40 Grad im Schatten sowieso nicht gut ist. 54. ich mein neues Fahrrad vor der Haustür stehen habe. 55. ich eine kostenlose Probemitgliedschaft im Fitnessclub beantragen kann. 56. ich es übernehmen werde, eine Tageswanderung mit meinen Freunden zu organisieren. 57. sich die Dauerkarte fürs Freibad endlich lohnt. 58. ich eine Kleinanzeige aufgeben oder am Schwarzen Brett nach einer Walkingpartnerin suchen kann. 59. ich mir Fastentage nicht verkneifen muss, weil das üppige Büfett lockt. 60. ich immer schon mal Lust hatte, einen Tanzkurs zu machen.

Geheimnisvolle Schubladen

※ Fünf Euro für einen Kaffee? Und ein halbes Vermögen für eine mittelmäßige Pizza? Im Urlaub zahle ich das. Nicht gern, aber es ist eben der Preis für einen einmaligen Blick über den Markusplatz oder auf die Golden-Gate-Brücke. Ich gönne mir das Gefühl, an einem besonderen Ort zu sein und genieße den Moment ganz bewusst. Außerdem habe ich keine Lust, im Urlaub ständig an meine Finanzen zu denken. Und zu Hause? Da wird gespart, weil das Geld nicht auf den Bäumen wächst, ist doch klar! Aber warum fällt es so schwer, den Alltag ab und zu mit ein bisschen Luxus aufzuwerten? Da koche ich mir meinen Kaffee selbst und stöbere nebenher in den Zeitungsbeilagen nach Sonderangeboten. Daran ist nichts Falsches, man will ja nicht zu viel bezahlen, und Schnäppchen jagen macht doch auch glücklich, oder? Ab und zu bin ich mir da nicht so sicher. Schnäppchen haben nämlich einen entscheidenden Nachteil: Sie verführen dazu, Dinge wegen ihres Preises zu kaufen. Nicht trotz ihres Preises.

※ Ich besitze beispielsweise sieben gestreifte Unterhosen. Das ist nur deshalb erwähnenswert, weil ich keine gestreiften Unterhosen trage. Ich trage weiße und schwarze, gelegentlich eine in Lila oder Blau, aber in jedem Fall uni. Die Ringel-Höschen liegen arbeitslos ganz hinten in meiner Schublade, manchmal rutscht eines von ihnen nach vorn und macht mir ein schlechtes Gewissen. Nicht aus Mitleid, sondern aus Sparsamkeit. Ich bin nämlich eine pathologische »Set-Käuferin«.

※ Sobald mir irgendwo ein Fünferpack Unterhosen für sagenhafte 7,99 Euro in die Hände fällt, kaufe ich ihn, obwohl zwei der fünf Teile nicht in mein modisches Beuteschema passen. Für einen kurzen Moment bilde ich mir ein, ein Schnäppchen gemacht zu haben, und freue mich über meinen günstigen Einkauf. Die Freude hält etwa bis zur zweiten oder dritten Wäsche, nach der sich langsam die Bündchen der anderen drei Hosen lösen.

※ Ich kann es ihnen nicht mal verübeln, wer billig kauft, darf sich nicht wundern, wenn er billig bekommt. Ich wundere mich über etwas anderes: den Geiz an mir selbst. In der irrigen Annahme, Geld zu sparen, bringe ich mich regelmäßig um das schöne Gefühl, mir etwas zu gönnen. Das beschränkt sich nicht nur auf Wäsche. Beim Friseur föhne ich grundsätzlich selbst, im Restaurant gucke ich zuerst auf die Preise, dann aufs Essen, und ich kaufe eher drei Lippenstifte im Supermarkt als einen in der Parfümerie. Dabei will ich nicht mal ausschließen, dass die aus dem Supermarkt mindestens genauso gut sind – aber das Gefühl ist ein anderes.

❧ Wenn ich mich in der Parfümerie von einer Verkäuferin beraten lasse, die kurz vor Feierabend noch so gestylt aussieht, wie ich es nicht mal morgens beim Verlassen der Wohnung hinkriege, die mir ein paar dermatologische Geheimnisse zu meinem Teint verrät, mir etwas über Perlmuttpartikelchen und Trendfarben erzählt, die zum Lippenstift noch eine Duftprobe legt und mir das Ganze dann in einem Täschchen überreicht, als hätte ich soeben bei Tiffany einen Diamantring gekauft – dieses Luxusgefühl bleibt haften. Es überkommt mich jedes Mal aufs Neue, wenn ich vorm Spiegel stehe und mich schminke oder wenn ich in meiner Handtasche wühle und mir der Lippenstift dabei in die Finger fällt. Niemandem sonst wird der Unterschied auffallen, aber ich spüre ihn – noch lange nachdem die finanzielle Lücke in meinem Portemonnaie wieder geschlossen ist.

❧ Wie viel eine Sache wirklich wert ist, lässt sich doch subjektiv sowieso nicht sagen. Ich habe neulich knapp 10 Euro für einen Kinobesuch ausgegeben und kann mich nicht mal mehr an den Filmtitel erinnern. Die Geschichte war genauso plump modelliert wie die Brüste der Hauptdarstellerin, der Regisseur war sich für keinen Spezialeffekt zu schade, und hinter mir saß jemand mit einer XXL-Tüte Popcorn, kurz: ein völlig übeteurerter Abend. Gleichzeitig gibt es zwei oder drei Bücher in meinem Leben, die ich immer wieder lese und die mich jedes Mal begeistert, gefesselt, gerührt und nachdenklich zurücklassen. Keines davon hat mehr als 10 Euro gekostet – und doch ist ihr Wert für mich unbezahlbar.

※ Diesen Zusammenhang versuchen ja schon Teenager ihren Eltern klarzumachen, wenn sie bitte, bitte, bitte eine Jeans dieser total angesagten Klamottenmarke haben wollen. Natürlich ist der Fetzen nicht wirklich ein halbes Jahresgehalt an Taschengeld wert, und die Hosen von H & M sitzen auch gut. Aber die haben nicht diesen eingenähten Push-up-Effekt fürs Selbstbewusstsein, sie machen nicht jedes Mal glücklich, wenn man sie anzieht. Die Angst der Erwachsenen, der Nachwuchs würde sich später ausschließlich über Markenware identifizieren, verflüchtigt sich, sobald die Kinder mit ihrem eigenen, selbstverdienten Geld klarkommen müssen. Spätestens dann verschiebt sich der Wert, den man den Dingen beimisst zugunsten dringender Notwendigkeiten wie Miete, Strom oder einem gefüllten Kühlschrank. Die Vokabel »Sparsamkeit« verliert ihren spießigen Unterton und wird zum erklärten Ziel jeder privaten Haushaltsdebatte.

※ Und damit wäre ich dann auch schon wieder bei meinen gestreiften Unterhosen. Denn genauso wie man sich problemlos an Luxus gewöhnen kann, kann man sich ans Sparen gewöhnen, bis es ein chronischer Zustand wird – auch wenn man längst in einem Alter ist, in dem das Geld nicht mehr so knapp sitzt wie mit Anfang zwanzig. Dieses »Sich-was-gönnen-Gefühl« hat man bis dahin leider so verlernt, dass einem jede Extra-Ausgabe, von der Maniküre zwischendurch bis zum gelegentlich bestellten Fensterputzer, beinahe ungeheuerlich vorkommt. Als Ersatzbefriedigung hangelt man sich von Schnäppchen zu Schnäppchen und wird dabei doch nie so ganz zufrieden.

※ Alle, die jetzt ihren Zeigefinger in die Luft halten und darauf aufmerksam machen, dass Glück und Zufriedenheit doch nun wirklich nicht vom Geld oder von der richtigen Lippenstiftmarke abhängen, haben natürlich recht. Jeder könnte vermutlich auf Anhieb zehn Dinge nennen, die wichtiger sind – das geht los bei der Gesundheit und hört bei den guten Freunden noch lange nicht auf. Aber jeder hat wohl auch schon mal erlebt, wie prickelnd es ist, ab und zu so richtig schick essen zu gehen, in einem Auto zu sitzen, das breiter ist als das eigene Wohnzimmer, oder eben auf dem Markusplatz einen Kaffee zu trinken.

※ Vielleicht sollten wir Dinge und Dienstleistungen einfach häufiger in Glückspunkten statt in Euros bewerten. Ein Fünferset Unterwäsche käme da vielleicht auf einen halben, ein einziger schicker Slip auf drei Glückspunkte. Dreckigen Abwasch stehen lassen und lieber spazieren gehen zählt vier, und ein großes Stück Käsekuchen mit Sahne und ohne schlechtes Gewissen ist schon sechs Glückspunkte wert. Glücksforscher empfehlen eine Tagesdosis von mindestens zehn Punkten, eine Überdosierung baut der Körper ganz einfach in Form von guter Laune wieder ab.

Euer Haus ist
euer größerer Körper.

KHALIL GIBRAN

Das Zuhause ist keineswegs der
einzige zivilisierte Ort in einer
abenteuerlichen Welt, sondern
der einzige unzivilisierte in einer
Welt der Zwänge und Pflichten.

GILBERT KEITH CHESTERTON

Wir denken selten an das, was
wir haben, aber immer an das,
was uns fehlt.

ARTHUR SCHOPENHAUER

Der ideale Tag wird nie kommen.
Der ideale Tag ist heute, wenn wir
ihn dazu machen.

HORAZ

✳ Zu Risiken und Nebenwirkungen befragen Sie einfach Ihr Spiegelbild. Je entspannter die Person ist, die Ihnen da gegenübersteht, desto besser hat die Therapie angeschlagen. Viel Glück!

Die Gründe 61–70

Es ist eigentlich ganz schön,
zu Hause zu bleiben, weil ...

61. ich keinen Sand in den Jogging-Schuhen habe. 62. ich dann mein Lieblingskopfkissen immer bei mir habe. 63. ich mir nicht überlegen muss, wer sich um mein Haustier kümmert, während ich weg bin. 64. ich hier allein bummeln gehen kann, ohne wie Freiwild behandelt zu werden. 65. ich weiß, in welchen Läden es die allerschönsten Schuhe gibt. 66. ich mir hier herrliche Beauty-Tage mit Gurkenmaske und leckeren Fruchtcocktails machen kann.
67. ich mich nach eine Shopping-Tour nicht fragen muss, wie ich das bloß alles in den Koffer kriegen soll. 68. ich die Gelegenheit beim Schopf packe, meinen Mann oder meine Freundin mit einem gemieteten Cabrio zu überraschen. 69. ich mich für Insider-Tipps nicht auf Reiseführer verlassen muss. 70. ich meine Freundin zum Picknick im Park einladen kann.

Himbeereis zum Frühstück?

※ Ein Friseurbesuch kündigt sich bei mir immer an wie ein Gewitter. Eines Morgens ziehen vor dem Spiegel die ersten dunklen Wolken auf. Ich bin genervt, entscheide, dass es so auf gar keinen Fall weitergehen kann, finde, dass meine Frisur aussieht wie eine vergessene Osterdekoration und dass es dringend Zeit für etwas Neues ist. Also blättere ich zwanzig Zeitschriften durch, gucke anderen Frauen hinterher und werde immer nervöser. Vielleicht mal einen Pony? Oder eine andere Farbe? Raspelkurz oder doch bis über die Ohren?

※ Irgendwann entlädt es sich. Mit einem Stapel ausgerissener Fotos und dem felsenfesten Entschluss, zumindest optisch ein anderer Mensch zu werden, stürme ich zum Friseur. »Ich will aussehen wie Meg Ryan«, verlange ich und kriege stattdessen erstmal ein Mineralwasser. Dann eine Beratung und ein paar warme Worte. Am Ende gehe ich mit frischen Strähnchen und gestutzten Spitzen wieder nach Hause. Das Gewitter ist vorüber, und eigentlich steht mir meine alte Frisur immer noch ganz gut, finde ich.

※ Ich bin eben doch ein Gewohnheitsmensch. Im Supermarkt kaufe ich immer die gleichen Lebensmittel, ich höre täglich denselben Radiosender, fahre dieselbe Strecke zur Arbeit und gehe oft in bereits bekannte Cafés und Kneipen. Warum? Weil sich all diese Dinge bewährt haben. Sie stehen, schmecken oder gefallen mir am besten. Das hat Vorteile. Ich kaufe nicht mehr querbeet alles, was gerade modisch angesagt ist, und wundere mich hinterher, dass nichts zusammenpasst. Ich war oft genug im experimentellen Theater, um zu wissen, dass ich dort nichts verloren habe. Und bei Produkten mit dem aufregenden Versprechen »Neu. Jetzt mit verbesserter Rezeptur« denke ich nicht, »Toll, probiere ich mal!«, sondern »Was für einen Mist haben die mir denn vorher angedreht?«. Ich schätze, das ist eine frühe Form von Altersweisheit.

※ Leider ist Altersweisheit die kleine Schwester der Altersträgheit und die sagt ja gern Dinge wie »…weil wir das schon immer so gemacht haben«. Noch ist er mir zwar nicht über die Lippen gegangen, dieser schlimmste aller Sprüche, aber zumindest schon durch den Kopf. Zum Beispiel kürzlich, als wir Besuch hatten und der doch tatsächlich am Sonntagmorgen um fünf Uhr aufstehen und zum Fischmarkt wollte. Gemütliches Frühstück? Abgelehnt. »Das können wir ja hinterher immer noch machen.« Ich quälte mich aus dem Bett und gondelte durch eine Stadt, die mir zu dieser Uhrzeit komplett fremd war. Plötzlich so ruhig und entspannt. Das Licht war anders, und die Silhouette der Gebäude hatte ich noch nie bei Sonnenaufgang gesehen. Über dem Wasser hing der Morgennebel, und es war still wie auf dem Dorf. Wunderschön, das alles. Ich war ganz beeindruckt von diesem Paralleluniversum, von dem ich bisher gar keine Ahnung hatte. Ich wusste auch nicht, wie es sich anfühlt, ein Fußballspiel live zu sehen, eine Führung durch den Botanischen Garten mitzumachen und sich danach in der Bar den teuersten Cocktail auf der Karte zu bestellen. Nicht alles, was ich mit unserem Besuch in den gemeinsamen drei Tagen unternommen habe, muss ich ein zweites Mal machen. Aber mir wurde klar, wie viele Wiederholungen und wie wenig Abwechslung es in meinem Alltagsleben so gibt.

Das ist nicht schlimm, nur manchmal ein bisschen langweilig. Und schade, denn mit jeder Kugel Himbeereis, die ich standardmäßig in der Eisdiele bestelle, bringe ich mich um die Erfahrung »Schokolade-Pfeffer« oder »Grüner Tee« zu probieren. Vielleicht versteckt sich dahinter eine Geschmackssensation, die mich begeistert. Möglicherweise freue ich mich beim nächsten Mal aber auch doppelt über mein geliebtes Himbeereis. Also in beiden Fällen ein Gewinn. Zum Glück muss ich nicht warten, bis wieder jemand kommt und mir die unbekannten Seiten meiner eigenen Stadt zeigt. Ich muss auch nicht mein ganzes Leben auf den Kopf stellen, von zu Hause ausbrechen, an entlegene Orte reisen oder sämtliche Routine über Bord werfen.

Sag mir, wo bist du denn daheim,
wenn nicht bei dir selbst?

THOMAS VON KEMPEN

Die Welt gehört dem,
der sie genießt.

GIACOMO LEOPARDI

Eigentlich ist jeder Tag
wie eine große Schlacht
mit vielen Lichtblicken.

FRANZISKA ZU REVENTLOW

Um Glück zu empfinden,
muss man bereit sein, sich zu
öffnen und zugleich in
sich zu ruhen.

ALAIN DELON

※ Neues ausprobieren kann ich immer und überall. Es kostet mich oft nicht mehr als einen kleinen Umweg, eine Minute Zeit, die eigenen Reflexe zu unterdrücken, oder ein bisschen Mut. Sagt ja keiner, dass ich gleich beim nächsten Friseurbesuch damit anfangen muss.

Die Gründe 71–80

Es ist eigentlich ganz schön,
zu Hause zu bleiben, weil …

71. ich noch nie beim Pferderennen gewesen bin und das schon immer sehen wollte.
72. das Planetarium so ein tolles Programm hat.
73. eine Ballonfahrt über heimische Wiesen ein super Erlebnis ist. 74. ich endlich mal mein Glück im Casino auf die Probe stellen will.
75. ich mir mein Müsli nur mit meinen Lieblingszutaten mixen will. 76. ich mir keine Gedanken ums Kofferpacken machen muss. 77. ich mich nicht über Staus oder verspätete Züge und Flugzeuge zu ärgern habe. 78. ich keine Lust habe, 7,80 Euro für einen miserablen Kaffee auszugeben. 79. mir der Anblick von nackten, sonnenverbrannten, tätowierten Rücken und schlechtsitzenden Shorts im Restaurant erspart bleibt. 80. es einfach nichts Schöneres gibt, als im eigenen Bett tagelang ausschlafen zu können.

Auf gut Deutsch

⚜ Wer die Welt – oder wenigstens sein eigenes Leben – ein bisschen besser machen will, braucht dazu vor allem eines: eine rosarote Brille. Sosehr dieses Accessoire auch belächelt wird, manchmal gibt es nichts Besseres. Einfach das Positive in den Dingen zu sehen ist eine Eigenschaft, die viele noch üben müssen.

⚜ »Nicht gemotzt ist genug gelobt«, pflegte ein ehemaliger Chef von mir gerne zu sagen. Dass es kein Mitarbeiter lange bei ihm ausgehalten hat, zeigt vielleicht, dass nicht jeder seiner Meinung war. Grundsätzlich hat er aber nur laut ausgesprochen, was uns Deutschen sowieso anhängt wie ein Kaugummi an der Schuhsohle: Wir sind die Meister des Kritisierens, notorische »Ja, aber …«-Sager, und eigentlich fällt uns immer etwas ein, das man noch besser machen könnte. Kritik ist ein Antriebsmotor, keine Frage. Aber Lob ist auch einer. Ein sehr starker sogar. Wer Anerkennung bekommt, strengt sich an, dem guten Bild auch gerecht zu werden.

Der Busfahrer, der extra lange auf einen herbeieilenden Fahrgast wartet und ein »Vielen Dank. Das war wirklich nett von Ihnen!« erntet, wird garantiert auch beim nächsten Mal lieber nett als korrekt sein. Zum Glück ist Nettigkeit ein Rohstoff, den es auch bei uns in unbegrenzter Menge gibt. Jeder kann beliebig viel davon verwenden, ohne dass ein Mangel entsteht. Im Gegenteil. Je mehr in Umlauf ist, desto reicher wird das Land. Und kosten tut es auch nichts, höchstens ein Lächeln. Also ein echtes, aufrichtiges, bei dem die Augen mitlächeln.

※ Wann immer ich in anderen Ländern unterwegs gewesen bin, fiel mir besonders auf, wie entspannt die Leute dort waren. Nix funktionierte und trotzdem hat sich keiner aufgeregt. Deutsch zu sein fand ich dagegen immer unsexy. Italiener gelten als leidenschaftliche Chaoten, Franzosen als Genussmenschen, und Skandinavier sind immerhin noch sympathisch. Aber die Deutschen? Fleißig, ordentlich und pflichtbewusst. Uns hängt der Charme des Klassenstrebers an, den zwar jeder um seine guten Noten beneidet, aber keiner so richtig leiden kann. Ich wollte anders sein. Offen gegenüber allem Neuen, frei im Geiste und bereit, andere Lebensvorstellungen gelten zu lassen. Und genauso bin ich auch, theoretisch zumindest, und bis zu dem Moment, in dem ich die eigenen Landesgrenzen überschreite.

※ Da stehe ich dann plötzlich an der Rezeption einer kleinen südamerikanischen Pension und beschwere mich bereits zum dritten Mal, weil der Strom noch immer nicht gehen würde, und wo denn der verdammte

Techniker bliebe, und dass man sich mit so einer Mañana-Mentalität auch nicht wundern müsse, wenn das ganze Land vor die Hunde ginge. Ich irre durch spanische Altstadtgassen und könnte durchdrehen, weil die es einfach nicht hinkriegen, mal ein paar ordentliche Straßenschilder aufzustellen. Ganz zu schweigen von den Ladenöffnungszeiten, die diesen Namen nicht verdienen, weil die Läden ja sowieso die meiste Zeit des Tages geschlossen sind. Oder ich sitze schwitzend an einer staubigen Bushaltestelle, irgendwo am Mittelmeer, und ärgere mich schwarz, weil die angeschlagenen Abfahrtszeiten offensichtlich nur grobe Richtwerte sind, vorsichtige Schätzungen, die sich je nach Laune und anderweitigen Terminen des Fahrers auch mal um zwei bis drei Stunden verschieben können. Kurzum: Ich bin locker wie ein preußischer Gardeoffizier, wenn die Dinge nicht so laufen, wie ich es aus der Heimat gewohnt bin.

❋ Deutsch zu sein, das habe ich inzwischen begriffen, ist nichts, was ich mir ausgesucht habe. Es ist keine Frage des Stils, der sich frei nach Geschmack oder Saison ändern lässt. Ich kann mich kleiden wie eine Pariserin, Auto fahren, als wäre ich in Neapel, und jeden Tag um fünf Uhr Tee trinken – und doch bleibe ich deutsch. Meine Herkunft samt den dazugehörigen Eigenschaften und Macken steckt mir in den Genen, sie wird vom Rückenmark gesteuert, nicht vom Gehirn. Darum verblüfft es mich auch immer wieder, wenn ich sehe oder am eigenen Leib erfahre, dass es anderswo auf der Welt eben auch anders zugeht.

Wenn man zu Hause den
Menschen so vieles nachsähe,
als man auswärts tut, man
könnte einen Himmel um sich
verbreiten.

JOHANN WOLFGANG VON GOETHE

Manche Menschen reisen
hauptsächlich in den Urlaub,
um Ansichtskarten zu kaufen,
obwohl es doch vernünftiger
wäre, sich diese Karten kommen
zu lassen.

ROBERT MUSIL

Die meisten reisen nur,
um wieder heimzukommen.

MICHEL DE MONTAIGNE

※ Eine positive Irritation übrigens. Das könnte ich zwar nicht in dem Moment unterschreiben, in dem ich mit einem Badelatschen in der Hand versuche, die Kakerlakenpopulation in meinem marokkanischen Hotelzimmer zu reduzieren, aber spätestens wenn ich ein paar Wochen später wieder zu Hause lande. Dann fallen sie mir erst auf, die vielen Dinge, die ich im Alltag für selbstverständlich halte: Straßenlaternen, Trinkwasser, das aus der Leitung kommt, eine Bezirksamtsangestellte, die vielleicht nicht gerade Anwärterin für die freundlichste Mitarbeiterin der Stadt ist, mir aber immerhin meinen geklauten Ausweis erstattet, ohne dass ich ihr dafür Schmiergeld zahlen muss. Das alles sagt eine Menge über unser Land aus. Es sind lauter kleine Beweise dafür, dass es sich hier hervorragend leben lässt und es nicht immer nur anderswo schöner ist – eine Tatsache, die bei all der Kritik gerne mal vergessen wird.

Die Gründe 81–90

Es ist eigentlich ganz schön,
zu Hause zu bleiben, weil …

81. ich Zeit habe, den Balkon üppig zu bepflanzen und so richtig gemütlich zu gestalten.
82. ich mir jederzeit schnell einen Kaffee machen und aus meiner Lieblingstasse trinken kann.
83. es purer Luxus ist, nur in den Tag hineinzuleben – ganz ohne Termine und Verpflichtungen.
84. weil es am Arbeitsplatz ruhiger ist und man besser zum Arbeiten kommt, wenn alle anderen im Urlaub sind.
85. ich die Seen in der Gegend erkunden kann, die zu den schönsten des Landes zählen.
86. ich endlich mal ins Open-Air-Kino oder zum Musik-Festival kann.
87. ich den Ort, die Stadt, meine Umgebung so kennenlerne, als würde ich dort nichts tun müssen, sondern nur tun wollen.
88. weil man zu Hause alles da hat, was man so braucht.
89. ich weder Klimaschock noch Jetlag zu fürchten brauche.
90. ich alle Menschen, die mir wichtig sind, um mich habe.

Das Schild an meiner Tür

❧ Je öfter ich wegfahre, desto klarer wird eine Erkenntnis: Das Fremde hat nur dann einen Reiz, wenn ich weiß, wo meine Wurzeln sind. Ich kann eine Reise nur dann genießen, wenn ich ein Zuhause habe. Einen Ort, auf den ich mich freue, der geduldig auf mich wartet. Einen Platz, an den meine Gedanken schon vorauseilen, während ich noch am Gepäckband stehe und auf meine ramponierten Koffer warte.

❧ Das Schönste am Nachhausekommen ist immer der Augenblick, in dem ich vor der Tür stehe und meinen eigenen Namen am Klingelschild lese. Nichts übertrifft dieses Glücksgefühl, den ersten Schritt in den Flur zu tun und für einen ganz kurzen Moment den eigenen, individuellen Geruch einzuatmen, bevor er wieder so vertraut wird, dass nur noch Fremde ihn wahrnehmen. Das gewohnte Geräusch, wenn der Schlüssel in die Metallschale auf dem Regal gelegt wird, und ein bisschen später das verheißungsvolle

Gurgeln der Kaffeemaschine. Jedes Teil ist bekannt, hat eine Geschichte. Ich weiß genau, welche der Fußbodendielen beim Drauftreten knarrt, warum der Streifen dort an der Wand die gleiche Farbe hat wie das Holzschwert unseres Jüngsten, und dass die obere Kommodenschublade nie richtig schließt. Die Orchidee auf dem Fensterbrett hat eine neue Knospe bekommen, das dicke Eichhörnchen, das im Winter immer die Meisenringe klaut, hat wieder mal seine Haselnüsse in unserem Blumenkasten verbuddelt, und im Nachbarhaus hängen neue Gardinen.

※ Meine kleine Welt. Mal ist sie ein schützender Kokon, in den ich mich zurückziehe, wenn mir das Leben da draußen zu anstrengend wird. Mal ist sie Treffpunkt für Freunde, Verwandte und Spielkameraden. Es gibt Tage, an denen gleicht sie einem Jahrmarkt, da knallt die Haustür, klingelt der Postbote, geht das Glas mit Apfelsaft klirrend zu Boden, während im Wohnzimmer jemand ausprobiert, wie laut eigentlich so eine Blockflöte sein kann. Dann wird's wieder still, und das einzige Geräusch ist das Knistern beim Umblättern der Zeitungsseiten oder das Ticken der Wanduhr. Hier kann ich mein Gesicht genauso ungeschminkt zeigen wie meine Gefühle. Ich kann Pläne schmieden, Kräfte sammeln und alles abladen, was sich im Laufe eines Tages auf meinen Schultern angesammelt hat. Ich kann sogar wütend die Tür hinter mir zuknallen, wenn mir danach ist, weil ich sicher sein kann, dass sie mir wieder geöffnet wird.

Es gibt eine Menge Definitionen für das Wort Zuhause. Wahrscheinlich sind alle auf ihre Art richtig, und je weiter man gerade weg ist, desto wahrer werden sie. Aus der Entfernung lässt sich ja vieles klarer sehen, so wie man echte Kunstwerke oft erst dann richtig erkennt, wenn man ein paar Schritte zurücktritt. Oder, um es anders auszudrücken und zu beweisen, dass Kalendersprüche und Glückskeks-Zettelchen oft viel besser sind als ihr Ruf: »Zuhause ist da, wo man bleibt, wenn man geht.«

Die Gründe 91–100

Es ist eigentlich ganz schön,
zu Hause zu bleiben, weil ...

91. man nicht von unbequemen Betten, tröpfelnden Duschen und der Tatsache überrascht wird, dass man in der Einflugschneise wohnt. 92. ich dann die schicken Gummistiefel einmal ausführen kann. 93. es alle beeindrucken wird, dass meine Bücher nun alphabetisch geordnet sind. 94. man jeden Tag ein neues Rezept ausprobieren kann. 95. es die Gelegenheit ist, gemeinsam mit Freunden ein Diner en blanc unter freiem Himmel zu veranstalten. 96. ich mich dann wirklich fallenlassen kann. 97. mir dort alle Geräusche und Gerüche vertraut sind. 98. es den Heimweg so kurz macht. 99. ein Zuhause zu haben das größte Glück auf Erden ist. 100. die schönsten Reisen und die aufregendsten Abenteuer immer in meinem Kopf stattfinden.

Es ist nicht gestattet, Abbildungen dieses Buches zu scannen, in PCs oder auf CDs zu speichern oder in PCs/Computern zu verändern oder einzeln oder zusammen mit anderen Bildvorlagen zu manipulieren, es sei denn mit schriftlicher Genehmigung des Verlages.

© 2012 Pattloch Verlag GmbH & Co. KG, München
Gesamtgestaltung und Illustrationen:
Saskia Bannasch
Lektorat: Michaela Schachner, Pattloch Verlag
Druck und Bindung: GGP Media GmbH, Pößneck

ISBN 978-3-629-10751-0
www.pattloch.de
05 04 03 02 01